# AMO



# y ASCO

@srtabebi

| | |
|---|---|
| Textos | @srtabebi |
| Prólogo | Nemecatj |
| Epílogo | @srtabebi |
| Portada y maquetación | Cristina Reina |
| Composición de textos | Víctor Fernández |
| Fotografía | La Juani |
| Número de edición | sexta Edición |
| Fecha de edición | Abril, 2017 |
| @edición | Frida ediciones |
| Isbn | 978-84-945676-7-4 |
| Depósito legal | M-37019-2016 |

# Prólogo

## Ensayo a la mujer salvaje

Mientras el cielo nocturno se ofrece y se comprime noche tras noche sobre nuestras cabezas, a este mono–hábil del siglo XXI parece no importarle demasiado. El ser humano ya no mira al cielo buscando enigmáticas respuestas en el universo. Ha cambiado. Ahora mira hacia abajo con obstinada tozudez, hacia la pantalla de un dispositivo móvil electrónico. Y todo esto ocurre a kilómetros de distancia de la razón. En un mundo anónimo y paralelo: el de las redes sociales en la era digital.

Es difícil definirla.

Indescifrable para las miradas que ya se hayan civilizado demasiado. Porque cuando alguien se muestra al mundo sin artificios, con la descarnada y descarada desnudez, con la que ella lo hace, siempre nos deja intuir algo más. Una artista con un corazón inquieto y feroz, capaz de devorar a cualquiera.

Me siento en el suelo y abro su libro por cualquier página, como a mí me gusta. Me atrapa de forma casi instantánea desde las primeras palabras, con las que definitivamente no contaba. Automáticamente, después del primer shock químico cerebral, emergen dos reacciones dentro de mí: la que se impacienta y sale inmediatamente a contar a todo el mundo todo lo que me ha hecho sentir, y la del egoísta inmaduro, que no desea bajo ningún concepto que nadie descubra su puerta secreta, su particular universo oculto de emociones.

**Bebi. Y su cuenta de Twitter. Una de las cuentas anónimas más influyentes del país. Toda una auténtica heroína generacional.**

**Asomarse al borde de sus acantilados emocionales, supone un acto tan valiente como suicida y de irreverencia social al mismo tiempo. Por ello sé, que lo que tengo hoy entre las manos para mí (y seguramente para muchos de vosotros), no es exactamente un libro.**

**Es otra cosa muy distinta.**

Es un dialogo íntimo. Un beso secreto, obsceno y desaliñado en la profundidad de nuestra mente. Un intercambio de deseos moribundos, ilusiones crípticas, lágrimas de cañón, sueños oxidados, monstruos de estar por casa y pesadillas. La cabeza arrancada de una muñeca descolorida y sucia en el jardín de una propiedad privada, que lleva años en venta. No puedes evitar ensuciarte, mancharte con su extrema personalidad. Y yo no puedo entender el arte de otra manera. Crudo. Contradictorio. Intimidatorio por su violencia y paranoia existencial, que por momentos se intuye autobiográfica. Inocente y procaz al mismo tiempo. Cualidades aparentemente antagónicas pero que en su obra cobran un vasto sentido homogéneo.

Si hay algo de lo que estoy completamente seguro, es de que Bebi será una artista de culto y veneración en el futuro, independientemente de los fracasos o éxitos comerciales que obtenga, en el cada vez más complicado circo literario. Y eso ocurrirá, apenas unas horas después, de que salgamos de nuestra supina imbecilidad y comencemos a abrir la mente, a derribar conceptos erróneos, impuestos por unos medios de edición artística que prefieren nutrirse del pasado, instalados en la comodidad y con poca o ninguna disposición, a prestar oportunidades a las nuevas formas de expresión. Tachándolos prematuramente de superficiales o irrelevantes.

Los verdaderos artistas, siempre han ido muchos años por delante, pagando un precio en ocasiones demasiado alto. La historia está repleta de ejemplos. Por ello quiero felicitar y presentar mi máximo respeto a la editorial, y animo a las demás a seguir el mismo camino que tanto necesitamos. Firmo y dejo constancia de ello. Un debut sorprendentemente lúcido, con una madurez en sus textos que me ha resultado impresionante para sus 23 años.

Al leerla, nunca puedes evitar salir despedido de manera violenta contra tus propios prejuicios sociales aprendidos. Confrontándote contigo mismo a golpe de humana contradicción.

Bebi; que provoca un potente y terrible sentimiento de identificación. Por ello un día casi la odias. Y por lo mismo, otro día, casi la amas.

Encontrarse, reconocerse, agotarse, odiarse, quererse.

"Amor y Asco".

¿Acaso no debería ser esto el arte?

¿Acaso no debería ser esto la vida?

**Nemecatj. Artista.**

"Amurallar el propio sufrimiento es arriesgarte
a que te devore desde el interior."

**FRIDA KAHLO**

# Introito

De pequeña me gustaba la frase "haz el amor y no la guerra". No sabía a quién se le había asignado o quién fue la primera persona que la dijo o la primera persona que la pensó, pero era una frase bonita, o al menos aspiraba a cosas bonitas. Se suponía que cuando uno la aplicaba a sí mismo, encontraba la paz, el verdadero equilibrio, el paraíso individual… y hacía de su vida un camino desprovisto de piedrecitas y hierbajos vitales que lo convirtieran en algo lo más mínimamente difícil o triste. Si hacías el amor y no la guerra, todo, absolutamente todo lo que hacías (y, por tanto, y según mis inocentes cálculos, absolutamente todo lo que se te devolvía) eran cosas bonitas.

Y una mierda.

Descubrí el amor y, para mi desilusión, parecía que no tenía –al menos en mi caso– mucho que ver con la paz. Luego descubrí esa guerra personal que llevaría dentro durante absolutamente toda la vida; sí, hiciera lo que hiciera. Y entonces me di cuenta de que conmigo esa frase que de pequeña tanto me gustaba, no podía aplicarse.

No porque no fuera buena persona, ni porque no quisiera amar, ni porque no sufriera con mi guerra interna, sino porque tenía esa forma de vivir la vida que no concordaba con hacer solo una cosa, con querer solo una cosa, con experimentar solo una cosa.

Había nacido con un sentido de la existencia bastante trágico. Me gustaban las subidas y las bajadas. Disfrutaba del aprendizaje que me proporcionaba cada caída y de la adrenalina que me invadía antes de caer. Y me gustó el riesgo casi lo mismo que el equilibrio acabó por parecerme una jodida bazofia.

Así que, imagino que no me encantó el concepto que esa gente tenía de ser una persona que hiciera el amor y no la guerra, al menos en lo que se refiere a aplicarlo a uno mismo, porque decidí asumir las consecuencias de rebelarme contra todo aquello que no me parecía lo bueno, o lo mejor, o lo que debía hacer o suceder, aunque realmente fuera lo correcto, lo exigible, lo moral, lo esperable o el camino más fácil. Por eso, aunque seguía gustándome la frase, en términos ya más sociales, decidí que la guerra también era divertida, y que aunque fuera un camino difícil para llegar a ser la perfecta persona integrada que se suponía debía ser, quería hacerla de vez en cuando.

¿Qué hacer cuando uno se da cuenta de que disfruta y aprende tanto de lo malo como de lo bueno y de que necesita que siempre haya un poco de los dos?

¿Qué haces cuando descubres que has nacido para ser literalmente una desequilibrada mental?

Como buena desequilibrada mental, se me ocurrió una fantástica idea: es broma, no se me ocurrió nada.

Simplemente, decidí ser yo misma.

A la mierda lo esperable.

**@srtabebi**

*a mi madre*

## I

Existen tres tipos de personas.
Las que envían a otras a luchar por ellas.
Las que cavan las trincheras para protegerse en caso de [ofensiva.
Las que miran a la batalla de pie y a la cara.

# Alguna vez, callados

Alguna vez, nos volveremos a mirar.
En algún lugar.
Callados.
Tal vez sea un semáforo en rojo, esperando
ambos al lado o de frente.
Tal vez una calle muy transitada, de esas que parecen
tener prisa porque todos pasemos por ella.
Tal vez sea un jardín, un parque, una plaza,
O tal vez sea (espera mi corazón más que yo, que no) en
[un sueño compartido.

Alguna vez será, no sé dónde,
que nos miraremos un instante,
corto en momento pero largo en esencia,
y estaremos los dos
callados.

Porque no hay nada que decir que no duela un poco
ante el ya sinsentido e insignificante momento,
muerto de melancolía,
en el que dos almas que se vieron y se sintieron y se tocaron
y no supieron amarse por miedo a quererse tanto,
se vuelven a encontrar.

# III

No.
Yo no estoy loca
pero tengo un corazón
aquí encerrado,
salvaje
que piensa que la cordura
es una palabra demasiado parecida
a las cuerdas que le atan.

## Llena de nada

Podría saltarme la cena ahora que estoy tan llena de humillación.
Podría salir, armada de magnificente y autoritaria rabia,
a vaciar mi cargador de hastío sentimental en otras vidas;
con la saña de saber que estoy en ese punto, en el que me
da lo mismo (y me da, la misma rabia que me dé lo mis-
mo, que lo mismo) haber casi olvidado aquello, a lo que
tanto quería (que eras tú).
En cambio voy a quedarme aquí, sentada. Disfrutando
de la asquerosa costumbre de sentir, el asqueroso vacío de
saber, que me ha dejado llena de nada, tu ya inevitable
ausencia de mierda.
No vuelvas jamás.
Prefiero mi vacío al tuyo.

## V

Hoy he soñado que me follabas casi asfixiándome contra
[el colchón,
brutalmente,
boca abajo.

Me he despertado con la sangre corriendo rápido,
los pulmones respirando fuerte
y el corazón
brutalmente
asesinado.

Tranquilo,
no diré quién ha sido.

# Irregulares

Habladme de versos, de besos, de gritos,
habladme de voces, de giros, de escritos,
habladme de gordos, de instintos, de irregulares,
habladme de esquinas, de sustos, de lugares.
No me habléis de oficinas,
no me habléis de relojes, de tiempos, de bellezas,
no me habléis de modas, de documentales,
no me habléis de vida, personas grises, moldeables y manejables,
fatigadas en su existencia
que vagan por la vida con metas marcadas,
preferencias compuestas
y sueños aprendidos.

## VII

Tú no lo sabes, pero
ayer, en sueños,
miré dentro de ti.

Me vi a mí, llorando
en una esquina oscura,
acurrucada
con la cabeza entre mis rodillas.

Las dos dijimos, a la vez:
"Lo siento".

# VIII

No se puede vivir esperando algo que puede ser que no sepa, que tiene que pasar.
Ni esperar que un día ocurra solo con quererlo. O mejor dicho, en realidad, uno sí puede hacerlo.
Tal vez ese sea el error, permitirnos pensar que todo llegará hasta que lo que llega es que se acaba o que jamás empieza.
Así, sin más, un día y no lo hiciste nunca.
No te lanzaste al vacío.
No te heriste nunca.
No fuiste feliz por miedo a no serlo.
Así que, como siempre digo (y es cierto que no soy quién, pero por si a ti te sirve), si vas a pensar en no hacer algo que tiene la más mínima posibilidad de hacerte feliz, párate a pensar en cuatro sencillas palabras:
Solo.
Hay.
Una.
Vida.

## IX

La vida sigue,
mis sueños siguen,
mis pesadillas siguen,
mis ganas de buscarte siguen,
mi sensación de que no vale para nada hacerlo, sigue.
Se podría resumir:
la vida sigue,
yo sigo,
tú, ya no.

## X

Es curioso.
A veces
uno no puede querer más a alguien
precisamente por haberlo querido tanto.

## Proceso trágico

Con lo perverso que es el olvido cuando ataca, y lo mal educada en el amor que estoy yo, vaticino que el proceso viene cargado de improperios, despechos e insultos, a raíz de lo enamorada que una vez estuve de ti y, a consecuencia de lo enfadado que él está ahora conmigo, por querer olvidar todo lo que una vez creamos juntos.

# XII

A las personas que te hacen daño
hay que tratarlas como a cualquier tropiezo:
o te ríes para quitarle importancia
o levantas la cabeza y miras al frente
con cara de "bueno, está bien, sigo siendo
igual de digno, no lo ha visto nadie".

## XIII

Me pregunté, si podía alguien tener heridas en el alma.

Ahora que te has ido
me pregunto:
¿se pueden poner tiritas en el alma?

## XIV

A veces, ni siquiera le querías,
solo te habías enganchado a la historia
como a una telenovela en la que siempre
se repiten los errores.

# XV

Llegarán otras personas, sí. Volverás a ilusionarte. Volverás a creer en la gente. Volverás a saber qué se siente cuando alguien te importa, cuando alguien te mira y te hace feliz, y te hace sentir querido.

Pero no.

No serán esa persona, ni serán ese momento, ni serán su olor, ni serán su risa.

No serán cuando le viste por primera vez y algo en ti te susurró dentro: esto va a ser grande.

Serán otros, serán importantes, sí. Pero tú nunca jamás serás lo que fuiste aquella vez, cuando todo era de colores.

# XVI

¿No me recuerdas?
Soy esa que aparece en todas tus vidas
para decirte "te necesito".

## Garabatos

No puede uno hacer una cuenta nueva, una verdadera cuenta nueva, tras un borrón.

Los borrones, en cuestión de vida, se hacen con rabia. Y la rabia, nunca puede acabar nada.

Que nada, jamás, te avergüence de tu cuenta.

Que nada, jamás, te haga sentir tanto odio como para emborronar tus experiencias y considerarlas algo que hay que arrugar y tirar a la basura.

La verdadera valentía, consiste en lo siguiente:

subraya el error
y sigue escribiendo.

# XVIII

He quemado el puente en el que solíamos pasear. Me cansé de hacerlo sola, mientras nos recordaba a los dos, cogidos de la mano, mojados de lluvia; mojados de sexo.

Me he cansado de hacerlo sola, sin nadie al lado, mojada en lágrimas.

Te espero en la otra orilla, donde me he encontrado por fin a mí misma. Sé, que tal vez podrá parecer, que no miro hacia la tuya. Sé que podrá parecer que no me interesa ya ese sitio. Ese lugar donde estás tú, como si nada hubiera ardido. Donde pareces feliz. Donde todo sigue igual.

Pero recuerda en estas palabras, recuerda en cada uno de los instantes que vivimos y en cada una de las miradas que te ofrecí, llenas de ese orgullo asqueroso mío, que aunque no mire hoy hacia tu orilla, mis ojos y mi corazón no acostumbran a hacer lo mismo.

# XIX

El amor es gilipollas,
estoy segura,
pero nosotros somos mucho más idiotas.

Especialistas en dejarlo todo correr hacia lados opuestos.
Especialistas en destrozar una historia que podría haber sido
una historia maravillosa de dos idiotas sintiendo un amor
[gilipollas.

Damos el mismo asco que da este adiós.

## XX

Fueron (ya no) felices y comieron
solos,
sin hambre,
la comida fría de mirar al frente con los ojos muertos.

Porque salió mal, muy mal,
pero qué más da el final,
fueron felices cuando aún no había acabado todo.

# XXI

Hoy he hablado con él. Ha subido aquí, donde pienso, cosa que no suele hacer mucho. Me ha sorprendido su rapidez y, sobre todo, sus ganas. Le he comentado como está el tema en realidad; todo eso de que nos has mentido y engañado; todo lo de que las palabras eran una mierda disfrazada de amor y, en realidad, tú no sabes qué es eso.

Normalmente, cada vez que nos vemos y le intento hacer entrar en razón, después de que me vuelvas a pisar como a una cucaracha, hace oídos sordos y vuelve a hacer su trabajo como si nada hubiera pasado (y la verdad, entre sus trabajos, el que mejor se le da es quererte como un imbécil). Pero hoy ha sido distinto.

Hoy ha subido aquí, donde pienso. He hablado con él. Me ha mirado con semblante serio y distante, como si estuviera cansado de escuchar pero supiera que aún repetidas, escuchaba verdades. Le he explicado que no puedo más y que esta vez sí, que con él o sin él lo haría, que si hacía falta lo iba a despedir, definitivamente. Al callarme me ha mirado y después de un largo silencio simplemente ha dicho: es cierto, tenemos que olvidar.

Cuánto daño me has tenido que hacer para que mi corazón esté de acuerdo con mi mente.

# XXII

Donde hubo fuego
y aunque no queden ya cenizas
siempre mirarás
y recordarás
que algo ardió.

# XXIII

Tengo tus ojos (y la forma en que me miran)
metidos en los míos, haciéndome daño.

Como una pestaña, rebelde y cansada
de permanecer en su sitio.

Como una mota de polvo,
instalada en el borde del párpado inferior.

En cualquier momento, me van a hacer llorar.
¿Por favor, hay alguien ahí que sople?

/

Ayer salí y me emborraché. Te juro que no esperaba acabar de esa manera tan caótica y etílica a partes iguales, pero lo hice. Bailé hasta quedar rendida y perdí la cuenta de mis caras de asco tras cada chupito. La verdad es que no buscaba acordarme de ti. Tampoco quise drogarme para que tu recuerdo apareciera mientras vomitaba en el baño de mi casa a las cinco de la mañana.

Pero lo hice.

Me susurraste "te quiero" al oído mientras subía apoyada como podía en el ascensor. Y sonaban como los de aquel día que intentaba perder en mi memoria. Me abrazaste las costillas antes de cada arcada. Y me besaste dentro de mi cabeza mientras daba vueltas el techo de mi habitación. No me quedaba otra. La parte de mí que intentaba enterrarte estaba en coma profundo, así que acabé corriendo hacia atrás en nuestra historia, llorando como una niña (es decir, llorando de verdad).

Me dejé llevar y te eché de menos.

Te eché de menos como cuando todo acaba de terminar.

Te eché de menos como si dentro de mí nunca te hubieras ido.

# XXV

No me curaste
        pero me enseñaste a curarme a mí.
Gracias por la herida.

## Extinción

El ser humano ha creado un mundo en el cual solo los
[últimos supervivientes
demostrarán que tenían razón
al decir, que acabaríamos con él.

De igual manera, tú y yo, vivimos una historia
donde solo cuando nos hayamos olvidado por completo
y estemos sentados en el acantilado de nuestra memoria,
observando la extinción llena de monstruos,
de nuestros sentimientos,
del mundo que creamos (y ahora destruimos),
alguno, o probablemente ambos,
sentiremos, por fin,
haber acabado con todo
y aceptaremos,
por fin(al),
que nos hemos querido.

## Estereotipo

Mamá, tengo un problema
soy tu hija
y me gustan las faldas.
Hasta ahí, supongo, todo es perfecto.
Una mamá; una hija; una falda.
Nos imaginas, cogidas de la mano, paseando,
alardeando de rancia decencia
y correcto y asumido estereotipo,
pero tengo un problema.

Me gustan las faldas, tan cortas
como la capacidad humana de los que creen
que se puede dilucidar mi decencia,
o mi nivel de feminidad,
o el valor de mi esencia de mujer,
por el largo
de la misma.

# XXVIII

Una vez, en la casa de cultura de mi pueblo natal, fue un payaso a animar a los niños. Yo asistí con mi hermana y en una de las piezas de la función bajó a escoger a algunos. Escogió a cuatro, tres niñas y un niño, una de las niñas yo (porque mi hermana me hizo el gran favor de levantar la mano por mí y gritar "aquí" mientras yo me escondía a medias). Subimos, no recuerdo qué hicimos y luego nos regaló a cada uno un globo con la forma que quisiéramos.

Las niñas pidieron flores, el niño una lanza. El problema fue que yo también.

–¿Qué quieres que te haga?

–Una lanza.

–¿Una lanza? ¿No prefieres una flor como ellas? ¡Una lanza es un globo sin forma!

–Quiero una lanza

–Bueno vale, ¿de qué color?

–Negra.

–Madre mía.

"Madre mía". Una niña había pedido una lanza. Una niña. Y encima negra.

Las niñas debían recoger flores rosas, hacer el amago de olerlas, apreciar su colorido, no luchar con lanzas negras. Estoy segura de que el hombre pensó "un marimacho". Señor payaso, su cara de asco no era necesaria, solo era una niña a la que le gustaban las lanzas, eso es todo. Una niña que vio que su compañero la pedía y pensó incrédulamente que sería normal que ella también quisiera una. Una niña que no asumía que debía ya tan pronto regalar su libertad de elección para pasar a admitir su absoluta falta de ella. Aun así, gracias por la lección.

He crecido. Y he descubierto que había más niñas como yo. Nos gustan los globos. Ya verá qué fiesta más bonita.

Se va usted a cagar.

## XXIX

Hay amores pasados que te hacen pensar lo siguiente:

¿Y si en otro momento, en otro lugar, en otras circunstancias, hubiera salido bien?

Eso significa que contemplas ese amor en otro lugar, en otra situación o en otro momento, pero no con otras personas. Solo ese hecho ya lo responde: sí (y lo siento).

Muy probablemente, habría salido bien.

## Enfermería

Me he hecho un torniquete en el corazón
con la venda que me pusiste
en los ojos.

Ahora, que veo,
estoy un poco mareada
de realidad
y la boca me sabe a decepción sanguinolenta.

Es hemorragia amorosa grave,
dicen,
ya dejarás de sangrar.

## XXXI

Ayer estuve hasta las dos de la mañana viendo documentales sobre la fauna asiática, y descubrí que existen reptiles en Borneo que nacen y mueren sin tocar tierra, pasando su vida de árbol en árbol, y lo curioso es que lo hacen por miedo a las serpientes.

Tal vez me esté volviendo loca, pero pensé bastante en la cuestión y llegué a la conclusión de que hay personas que hacen exactamente lo mismo, que nunca llegan a pisar totalmente el suelo, el mundo real.

Creo que existen personas, muchas, que viven toda su vida huyendo de la realidad en las cimas de sus propios árboles.

Y creo que las serpientes, son los demás.

# XXXII

No es que el primer amor acabe
es que sus protagonistas continúan.

# XXXIII

Hay personas en las que crees demasiado
porque aún después
de todo lo que te han engañado
han seguido ganando.
Y lo sabes y sigues
apostando
eligiéndolas a ellas
en la ruleta de la vida
hasta que ya no te quedan
sentimientos
en el bolsillo.

# XXXIV

Dicen que no dejas la adicción hasta que tocas fondo,
quizás porque no importa cuánto daño te hace.
A veces, dejarlo marchar, duele más.

## XXXV

He mirado dentro de mí.

Hay alguien escribiéndote poemas.

# XXXVI

Empecé a decirlo.
En cuanto te fuiste,
"estoy bien", decía.

En casa:
"estoy bien",
en la calle:
"estoy bien",
cuando iba sola:
"estoy bien",
o cuando estaba con otra gente.

"Estoy bien"
cuando te veía
"estoy bien"
y cuando no
"estoy bien".

En mi mente y en mi boca
"estoy bien", me repetía una y otra vez.

Así fue, como me di cuenta:
ni en mil años te olvidaría.

# A aquel que se atreva

Tú no te mereces a una mujer.
No te mereces una mirada divina cargada de amor,
ni una caricia delicada colmada de cariño,
ni una mano buscando la tuya en un arrebato de sentimiento,
ni un cuerpo buscando tu abrazo en un momento de
[desesperación.

Tú no te mereces a una mujer.
No hablo solo de mi espíritu, sino del femenino
que mora y baila libre en cada una de nosotras.
No hablo de amor sino de fraternidad
entre sexos humanos que son hermanos e hijos
todos del mismo nacimiento.
No hablo de cuerpos desnudos sino de almas
que tienen dentro de ellas el amor más puro que existe.

Tú no te mereces a ninguna ni a todas.
No te mereces a la mujer como ente,
siquiera te mereces observar ni participar
de nuestra liberación del yugo
de los despreciables seres mundanos
que como tú violan cuerpos,
que como tú mancillan conciencias,
que como tú rompen almas,
que como tú escupen rostros,
que como tú dañan pieles.

A todo aquel rastrero y vil villano.
A todo aquel que mire con un soslayo despreciativo un
[solo amago de libertad femenina.
A todo aquel que se atreva a crear jaulas, aunque éstas sean
[mentales y
que hagan agachar la cabeza,
sabed cada uno de vosotros,
señores y amos impuestos que oprimís y tomáis por vuestro
algo que no es de nadie:

tú no te mereces a una mujer.

Porque para merecer a una mujer,
Para disfrutar su ternura,
su bravura,
su valentía,
su vientre,
su cuerpo,
su alma,
y su mente,
para merecer que una sola de ellas decida
compartir su bella libertad con aquel que ame lo que es
hace falta,
como mínimo y heterosexual presupuesto,
ser un hombre.

# XXXVIII

“Nos ha salido feminista”.

No. Os he salido de la jaula.

# XXXIX

Es terrible.
El sonido de esa canción que a veces intentaba cantar y de la que tú te burlabas porque me perdía en el estribillo.
Es terrible.
Están cantándola aquí mismo, abajo; son un grupo de gente y supongo que van lo suficientemente borrachos como para repetirla veintidós veces. Y me ha dolido todas las veces que la han cantado, aunque si te digo la verdad, no sé si en realidad lo que me duele es la canción o eres tú dentro de los recuerdos que me evoca la letra. Parece mentira que una canción chapurreada a medias por la voz de unos borrachos pueda hacerme sentir tantas cosas. Supongo que así es el amor, o como se llame eso que se siente cuando sientes sin querer hacerlo, aunque joda.
Recuerdo cuando me decías que te gustaba coleccionar tus recuerdos en canciones; era una afición tuya, de las muchas que tenías y que te hicieron tan jodidamente preciosa como para que, ahora, a mi cabeza se le haya ocurrido la magnífica idea de relacionar esta canción contigo, como para que ahora sea capaz de joderme la noche, la vida y la existencia la borrachera de cuatro gilipollas, como para que ahora me duela tanto esto que tengo aquí, cerca de las costillas. Como para que haya escuchado veintidós veces la misma canción; veintidós. Y después de todo aún tenga tu cara en mi mente; tu mano en mi mejilla, tus ojos riendo…
Y se me haya vuelto a olvidar el puto estribillo.

## XL

La pregunta más difícil que conozco en cuestión de
[desamor es:
¿hasta nunca…o hasta siempre?

# XLI

Olvídalo, eres pasado,
eras un sueño del que ya me he despertado,
una pesadilla que me hizo creer miedosa
algo onírico que sentí una vez real.

Olvídalo, eres polvo,
vagas por el aire pero yo ya no te veo.
Solo de vez en cuando
un estornudo
que me recuerda que tal vez
aún estés dentro.

Olvídalo, eres dolor,
a veces un calambre,
a veces un roce,
a veces un olor,
a veces un recuerdo que me dice
que es cierto, ya eres pasado,
que es cierto, fuiste un sueño,
que es cierto, volvería a cerrar los ojos.

"El individuo ha luchado siempre para no ser absorbido por la tribu. Si lo intentas, a menudo estarás solo, y a veces asustado. Pero ningún precio es demasiado alto por el privilegio de ser uno mismo".

FRIEDRICH WILHELM **NIETZSCHE**

# XLII

Mi madre me preguntaba:
¿por qué te cortas?
Yo le contestaba:
¿por qué lloras?

## XLIII

No somos malos.
Hemos acariciado,
hemos abrazado,
hemos sonreído y mirado a los ojos
sinceramente,
hemos apretado otras manos
muy fuerte.

Por desgracia
han sido las mismas manos,
las que nos han estrujado el corazón
hasta llegar la sangre ya fría a los pies.

Te juro que no,
no somos malos,
somos precavidos sentimentales.

## XLIV

Ser tú mismo tiene un precio
pero, si de verdad un día decides serlo,
créeme,
jamás lo pagarás tú.

# XLV

Un día, supongo, nos miraremos. Lloverá o hará sol, no lo sé. Pero, muy a mi pesar, me picará nuestra historia. Como una picadura que estaba ahí y de la que te olvidaste hasta que algo la rozó.

Nos miraremos ese día. Tú a mí, yo a ti. No sé a cuál de los dos le picará más esa mirada. Lo que sí sé y de lo que sí estoy segura, es de que esa vez, la vida y la decepción que serán, probablemente, las culpables de que ahora te empiece a ver tal cual eres, tan feo de alma, tan podrido de corazón.

Te lo aseguro:

me rascarán todos los recuerdos.

## XLVI

Tú y yo nunca
pensamos que siempre,
pero siempre, fuimos un ojalá;
tú lo sabes,
lo sé yo.

Por ese ojalá cobarde
que siempre fuimos,
a partir de hoy,
nunca seremos un por fin,
siempre seremos un jamás.

## Sollozos

Estoy portándome
muy mal.
Extremadamente mal.
Rozando la cúspide del egoísmo humano.
Rodando capítulos de egolatría.
Dejándome llevar por la ambición e instruyéndome
en el individualismo diario y sentimental.
Lo estoy haciendo fatal
para ver si así me salvo de mi yo anterior
que no me hizo muchos favores.

Me está saliendo bien
        la estrategia.

Anoche, cuando me fui a la cama
después de haber odiado a gente que no conocía,
después de haber decepcionado a personas (por si antes lo
                                        [hacían ellas),
después de haber tapado con muchas malas acciones mi
                                        [sensibilidad
aún titilante atrapada detrás de mis órganos,
escuché unos sollozos
débiles,
ahogados.

Me quedé muy quieta y callada
para ver si paraban,
con expresión severa,
intentando infundir a esa voz entrecortada
la seriedad y fuerza maquiavélica
que llevo ahora por bandera.

Y aún, seis horas después, sigo aquí,
ahora sentada,
con un café aguado entre las manos
y cara de asumir cosas que joden,
pensando, como un padre primerizo, en qué hacer
ahora que la persona que fui
se me ha puesto a llorar.

## XLVIII

Lo más precioso que te dije nunca…
Me lo callé.

# Reencarnación

Podría haberme enamorado
de ti
en cualquier momento
o en cualquier vida.
De cualquier otra persona
a la que la reencarnación me hubiera hecho
representar con mi alma.

Por ser algo tan sumamente predictivo,
jamás lo hice
en ninguna vida
de ninguna de mis reencarnaciones
hasta ahora;
en esta vida;
en este cuerpo; hoy.

Y esta sensación
de desborde emocional
que me haces sentir
cuando me rozas
me hace preguntarme cosas
muy teológicas.

¿Se puede acumular el amor que no se gasta en otras vidas?

## Despedidas

Siempre he odiado la palabra "adiós".
En cuestión de amor.

Primero;
porque significa que envías a Dios a alguien
y yo, a ese, no lo conozco todavía.

Segundo;
porque nunca he sabido despedirme de alguien
solo empleando una palabra.

Tercero;
quizá el motivo más importante,
porque no se me ocurriría
enviar al paraíso celestial
a alguien por quien he debido auto convencerme
de decir "adiós"
(esa palabra, que odio)
por haberme hecho
(esa persona que quería)
tanto daño.

# LI

Un poema (dicen)
debe ser algo
que propicie que el lector
sienta que su vida
es su escritora.

Si eso que dicen, es un poema
(estoy sinestesicamente segura)
debe
            oler
a ti.

## LII

Nunca nadie supo plantar flores
en un corazón
tan árido y seco como el mío
y, ahora que lo hiciste
y te fuiste,
voy a tener que llorar mares
para regarlas.

# LIII

Todo lo que hacía era rezar. Rezaba por las noches y por las mañanas. Rezaba cuando ocurría y luego comencé a hacerlo cuando no, porque ya era algo crónico; algo enfermizo como mis ojeras.

Así que rezaba, tan pequeña e inocente, pensando que algún día se arreglaría, que pararía ese infierno. Hasta establecía condiciones con Dios para ver si alguna le interesaba, como las ofertas de un vendedor desesperado. Rezaba continuamente y siempre lo mismo. Hasta que un día dejé de hacerlo.

Ese día me acosté y cerré los ojos en silencio. Algo me dijo que no debía empezar; quizás la desesperanza de quien no observa ningún cambio; quizás la rebeldía de una cría que se cansa de ser una ilusa.

Recuerdo que pensé: deja de ser imbécil, tú no le importas a ningún Dios. Eso fue todo. Cerré los ojos con fuerza y no sentí ninguna culpa. Entonces empecé a importarme a mí misma, consciente de que estaba sola y de que eso era muy triste. Y de que la vida era una batalla. Y de que nunca debía olvidar que una vez fui una niña que rezó mucho. Y de que convertirme en alguien fuerte era el único milagro que la vida podía concederme.

## LIV

Ahora sí.
Voy a abrir mis manos
y voy a esperar.
Cinco,
seis,
siete
vidas
a que seas mariposa
y te poses en ellas.

# LV

Algunos nos llaman "locos de atar"
pero atar a la locura es tenerle miedo
¿y no es un cobarde aquel que ata a alguien
por considerar que no es lo que se espera?
Y si los locos no atan a nadie,
entonces,
¿no son los locos los valientes?

## LVI

Eres horriblemente intenso.
Como un polvo *hardcore*
contra la pared.
Por eso me gusta cuando dueles.

## IMPRECACIÓN

Ojalá conozcas la felicidad
y la practiques
y la pulas como técnica de vida
y seas feliz
y te des cuenta
al saber lo que es
de que podrías haberlo sido más
                                        conmigo.

–Ven, mírame, no llores. ¿Quieres que te dé un consejo? La única condición es que no se lo digas nunca a nadie.

–Vale.

–¿Has escuchado lo que te ha dicho tu madre? Lo de que no te acerques a esa gente ni a ese chico.

–Sí.

–Mi consejo es que no le hagas ni puto caso.

Me mira atónita, tiene 14 años y la palabra puto en mí le parece algo incómodo. Se seca las lágrimas y esboza una media sonrisa extraña.

–Lo has pillado, ¿no? Ni puto caso, Ana. ¿Y sabes por qué te lo digo?

Silencio. Sorbe mocos desesperadamente.

–Porque es mi vida, ¿no?

–Exacto, porque es tu vida. Porque tienes que equivocarte tú misma y tienes que acertar tú misma. Y si te equivocas, será solo equivocándote cuando, tal vez, dentro de unos años, pienses en que tu madre tenía razón, si es que la tenía. Pero para que eso pase en un futuro (y pensar que no, es el peor error que una madre puede cometer) lo que tiene que pasar es que me des un abrazo, me hagas caso, te hagas la sorda y salgas ahí fuera a intentar comerte el mundo.

## LIX

No jode la vida
ni joden los recuerdos.
Joden las personas.

## Telepatía

Ocurrió en dos camas,
en dos cuerpos
fríos,
en dos mentes
inconscientes.

Ocurrió en dos lugares,
en dos corazones
rotos,
en dos párpados que se movían
en fase *REM*
temblorosos.

Ocurrió en dos bocas
sedientas,
en dos manos
vacías.
Ocurrió en dos pechos
desnudos,
en dos personas
enamoradas.

Ocurrió en dos noches
tristes
que se soñaron los dos
idiotas

enamorados
de una historia
imposible.

## Conflicto armado

Pudimos ser una historia de las que enganchan
y arreglan los domingos por la tarde.
Pudimos haber sido dos protagonistas
perfectos para una narrativa romántica
con destellos, eso sí, de sexo explícito en ascensores
cerveza y mucha droga sentimental.

Pudimos ser una bonita historia de amor
al fin y al cabo y, en cambio, por ser tú y yo
y por nuestra personal (y pasional) fijación
a los tiros de las bocas y a las balas de miradas
hemos sido los protagonistas de una guerra
con solo dos muertos.

No importa.
En las trincheras
también crecen flores.

## "Tu hija es agresiva"

Recuerdo esas palabras como si fueran una sentencia de muerte en un proceso penal por asesinato.

"Tu hija es agresiva" dijo a modo de pésame. Lo siento. Podrías haber tenido una princesita, una maquilladora, una modelo de marcas caras. Pero tu hija es agresiva. Ya puedes llorar, no hay futuro. Todo es negro como su color favorito con solo 11 años, dios mío, qué desastre.

Tu hija quiere dar golpes, quiere boxear, gritar, correr. Tu hija quiere imponerse, lanzarse, cerrar los ojos, buscar, encontrar cosas buenas y cosas malas, quiere vivir sensaciones. Porque es impulsiva, en contra de lo que la sociedad le pide, y eso es malo.

Una niña terrible.

Una mala influencia.

Una mosca que va a la mierda y no tiene problema en reconocer que le gusta.

Con lo guapa que es, y mira, es agresiva, no van a invitarle a ninguna fiesta de cumpleaños. Debería haberte salido del coño una señorita educada y recatada que asintiera y refrendara absolutamente todo lo que escuchara, que acatara la autoridad. Que fuera grácil y delicada.

La miró, respiró con los test delante suya en el escritorio de madera de ébano y con cara de "siento darte esta noticia" espetó: tu hija es agresiva.

Creo que en ese momento mi madre supo que la vida por fin le estaba dando las gracias.

## Metamorfosis sentimental

Naces, siendo una pequeña oruga feliz.
Te enamoras de un capullo, o de dos, o de tres.

Comes mentiras.
Comes mentiras.
Comes mentiras.

Indigestión sentimental.
Un dolor horrible de corazón.
Te encierras en tu propia crisálida harta de engaños.
Mentiras,
silencio,
pasa el tiempo.
Todos esos capullos, a los que te comiste
te hacen crecer
hasta que no cabes
y de pronto, un día,
se rompe
la crisálida
en la que te habías encerrado
y al salir
te descubres, sin querer, volando,
te descubres siendo
mariposa
de colores.

## LXIV

Confundí la pasión con el ensañamiento:
no me estabas queriendo,
me estabas matando.

## Diagnóstico

Estoy segura.
Tengo metástasis sentimental
en el corazón.

## LXVI

Te dije que estaba dispuesto
a librar contigo la guerra
que me contaron tus ojos.
A curar tus heridas,
a izar la bandera,
a reptar por el campo de batalla
esquivando a la vida,
sus tanques,
sus granadas
y sus ganas, de destruirnos.

Solo
tenías que decirme
que eras el enemigo
y todo habría acabado antes
por negarme a librar una lucha
de la que tú
salieras herida.

## Premonición

Sabía que iba a doler
como cuando pones el brazo antes
de que te atraviesen con la aguja
y te extraigan la sangre,
como cuando respiras hondo
después de un ataque de ansiedad,
como cuando te bebes el último ron
homenaje
y te vas a dormir,
o como cuando te golpeas y sigues andando
con la herida latiendo.

Sabía que iba a doler
y aun así saqué el corazón
lo puse en tu mano
y cerré los ojos.

## Puedes subir a la silla

Puedes subir a la silla,
posar tus pies sobre su mimbre,
que se queje con un sonido sordo al apretarlo con tus
[plantas.

Puedes subir a la silla,
apoyarte en su respaldo con las manos
para erguirte por última vez ante la vida,
como los valientes
cuando se yerguen
ante las desavenencias,
pero rindiéndote.

Puedes subir a la silla
con la cuerda en la mano
sudorosa y fría
esperando a la nada
que detona
al silencio que asevera,
al momento que detenta,
queriendo acabar así con lo que duele.

Puedes subir a la silla,
pasar la cuerda,
convertirla en soga
mediante el nudo de la cobardía,

atar tu vida a un momento de negrura
y cerrar los ojos mientas aprietas desesperado.

O puedes subir a la silla,
mirar desde arriba,
sentirte el Dios de tu propia existencia,
saber que hay cosas que ahogan
pero no matan,
sentirte un cobarde por querer destruir
aquello que has amado.
Apretar las manos sudorosas y frías,
tirar la cuerda y, en señal de solemne desafío,
bajar haciendo suspirar al mimbre
y empezar,
respirando hondo,
a ser valiente.

# Platónico

El día en el que se me cayó tu mito, descubrí que, por más real que pueda parecer algo, solo es real si se lo parece a todas las partes de la historia.

Esa noche me acordé de tus manos. Nunca fui de esas personas que miran a los ojos, supongo que siempre me parece más cómodo sentir con los ojos cerrados que con los ojos abiertos, así al menos no ves la hostia que te pegas. No sé si tú,  pero yo esa noche recordé (recuerdo aún) cómo me tocabas; y por un momento me volvió a parecer que me tocabas de una forma sincera, hasta que supuse que no fue tu forma de tocarme sino tu forma de tocar, simplemente, a todo lo que te apetecía (incluido yo, incluidas más cosas).

¿Sabes cuál es esa sensación que te invade, cuando te das cuenta de que todo lo que a ti te había parecido único, había sido realmente único porque sólo lo habías sentido tú? ¿Que no había sido más que el capítulo de un libro propio, inventado, que ni siquiera era posible que tuviera nada que ver con el título de la verdadera historia?

Es extraño que después de que cueste tanto construir una supuesta certeza, algo que para ti es maravilloso, todo se desmorone y te quedes tú solo, ahí, entre los escombros. Y lo más extraño es que por momentos todavía crees ser consciente de que todo fue real, hasta que te das cuenta de que no es que la certeza se te haya caído, es que no existía, tú te la inventaste.

Al fin y al cabo de eso se tratan los mitos. Son algo que alguien inventa a partir de una realidad para explicarla, y yo, a partir de nosotros dos, me inventé nuestra historia. Tampoco sirve de mucho saber que sólo fuiste un mito cuando ya te me has caído. Ni siquiera creo que te doliera lo suficiente, no al menos como decías que lo hacía. Así que aquí nos quedamos, los escombros de lo que una vez me inventé que fuiste y yo. Al menos no soy la única persona que lo hace, para Platón, por ejemplo, también era un mito el amor.

A ver si se me cae de una jodida vez ese también.

## Perdones

Tu mirada,
de acabar la historia
clavándose en mis ojos,
de pedir perdones,
me ha llevado
con su decepción
a amar todavía más
aquello que ahora
he hecho
que me odie.

# LXXI

Me has herido

más

que acariciado.

Llámalo Justicia

si quieres,

ya no hay amor que incline esta balanza.

# LXXII

Ponerle nombre a lo que duele,
es una tarea complicada
pero saber que lo que duele
tiene nombre propio,
aceptarlo,
sufrirlo de la manera
más digna posible,
es verdaderamente
un acto de arrebatadora valentía.

(Inserta nombre aquí)

# LXXIII

Existen personas que tienen algo que desconcierta. No tienen por qué ser malas, ni maliciosas, ni tener malas intenciones.

De hecho, a pesar de todo y normalmente, pondríamos la mano en el fuego y diríamos que, en el fondo, esa persona es un buen chico o una buena chica.

Es una mirada.

Su mirada.

Pueden estar riendo, tomando una copa, haciendo cosas normales con personas normales y, de momento, sus ojos se van a otro sitio. Y crees que lo que ven es muy malo.

Y crees que está en el fondo de su alma.

Y te asusta.

Y te atrae como un imán que lleva escrito tu nombre.

# La vida es una mujer

La vida es una mujer. La más zorra de todas. La que te deja con las ganas cuando le da la gana y te colma de atenciones cuando a ella le apetece. Es una zorra de las grandes. De las que es mala cuando quiere y buena cuando le interesa.

No sabes cuándo vendrá para hacerte el más feliz del mundo o para dejarte acurrucado en una esquina de la desgracia, pero sabes que siempre vuelve, para hacerte saber que está ahí, jugando contigo cuando y como le place.

Te hace comprender el sentido de ti mismo y a la vez perderlo y no saber dónde coño lo dejaste. Te maneja a su antojo. Y tú le sigues; como un perro sigue a su amo aunque no le preste mucha atención.

La vida

es

una

zorra.

¿Acaso no llaman  zorra a esa mujer que nos lleva, y nos trae, y nos ama, y nos odia, y nos ahoga, y nos folla, y nos abraza, y nos hace encoger los puños en la cara y no podemos hacer nada por remediarla?

## LXXV

Tú eras el tornillo que le faltaba a mi cabeza
y, por desgracia
y como era de esperar,
lo he vuelto a perder.

## Orfandad

No me han dado ninguna paga
por orfandad,
ni tengo que elegir un nicho,
ni montar un entierro,
ni que esparcir cenizas
por ningún lugar simbólico o emblemático,
pero tengo ganas de llorar,
explotar en confeti
de asco
y cagarme en la vida.

Muchas.

Estoy huérfana de alegría.

# LXXVII

No sé cuándo ni cómo. No sé en qué momento o qué es lo que hará que toda esta fingida realidad y este silencio a dos que vivimos hoy, estalle. No entiendo por qué sucederá ni conozco bien las razones por las que estoy segura de que lo hará.

No sé si hoy.

No sé si mañana.

No sé si en esta vida o con estas caras y estos cuerpos.

No sé si estará bien o si estará mal.

No sé si estaremos bien o si estaremos mal. Si estarás triste, si seré feliz. Si nos destrozará la vida o nos causará la muerte. Si nos pintará el corazón de colores.

Lo único que sé, es que tú y yo, tu alma y la mía, van explicarse todo aquello que han sentido.

# LXXVIII

No dijimos nada.
Porque yo sabía
(tú también)
que aunque teóricamente
acabara
y aún en camas distintas
lejos, solos,
siempre dormirías conmigo.

# LXXIX

Abro la boca.
Cierro los ojos.
Ríos de tu magia revolotean a mis hadas.

# LXXX

Ella,
que iba sonriendo cuando a los demás
les dolía el alma;
que besaba las manos de los que
las tenían llenas de decepción
y cansancio;
que desinfectaba las heridas
que la vida infligía en sus mentes
con palabras destiladas al 98%
(y con un poco de vodka, también).

Ella,
que no tenía
otra cosa que hacer (o eso parecía)
que escuchar las vicisitudes y, a veces,
(tenía que reconocerlo)
veleidades mundanas e insignificantes
(que le importaban una mierda)
de los seres que la rodeaban,
que devolvía claridad a las miradas
hacia el futuro
y cosía corazones rotos
por recuerdos del pasado.

Ella,
no tenía quien solamente la abrazara

un segundo; dos; tres
cuando allí, en posición horizontal,
apagados su corazón, las luces, la vida, la ciudad y su cuerpo,
no tenía cómo olvidarse
de su alma,
sus manos,
sus heridas,
su historia,
su mirada,
su corazón
y su coraza.

## Se enamoró

Sabía que era un error
pero lo hizo.

Del calor que hacía cada vez que pasaba
de su falta de sentimientos
y de su sobra de soberbia,
de su seguridad que no era más
que la locura
de una niña
vitalmente mustia pero moribundamente
despierta.

De su forma de beber,
de su manera de arrancar la vida,
el corazón,
la piel
y la salud mental,
de su falta de compasión por ella y por la vida,
de sus monstruos,
de sus secretos,
de su pasión a la que nunca llegabas pero que tanto te envolvía,
de su expresión de hielo,
de cómo te engañaba con su olor a cielo para llevarte al
[infierno.

Sabía que era un error
pero lo hizo.

"La originalidad es la única cosa cuya utilidad no pueden comprender los espíritus vulgares".

JOHN STUART MILL

## LXXXII

No funciona para todo,
si siempre "ojos que no ven, corazón que no siente"
te aseguro que a veces,
bocas que no se besan,
historia que no acaba.

# LXXXIII

Quisiste ir hacia la derecha
y te siguieron hacia la derecha,
luego
quisiste ir hacia la izquierda
y también te siguieron.

Te lloraron,
te acariciaron
te quisieron
y cuando todo aquello
terminaba,
me encontrabas.

Tú me decías: vamos hacia la derecha.
Yo te contestaba: no, sígueme,
y me seguías,
y me llorabas,
me acariciabas,
y me querías,
a mí
que nunca te seguí ni lloré ni acaricié ni quise.

El Amor a veces no entiende de Justicia.

# Sonríe

En algunas ocasiones
los finales felices
son aquellos en los que acabas
borracha
llorando
con la máscara de pestañas por el cuello
y la vida por el suelo.
Pero el final es feliz
en ese instante
en el que piensas
que ha acabado
porque alguna vez
existió.

## Auto cortesía

Hay que aprender
a utilizar la auto cortesía
con uno mismo,
saberse decir "gracias"
o "disculpa"
cuando nos fallamos o nos ayudamos.

Igualmente
también hay que saber ser auto maleducado
y creo que es lo más útil.

No pienso, entonces, pedirme perdón
por olvidarte.
Ya me lo he pedido demasiado
por haberte querido.

## LXXXVI

La quería.
Incluso cuando no quería que la quisieran,
incluso cuando no se quería a ella misma.
La quería tirada en el suelo llorando por la vida,
bailando, celebrando un día menos,
besándome lento,
aprisionando sus manos en el colchón.
La quería entre su pelo y entre sus piernas,
cuando llegaba,
cuando se iba después
como si nada sucediera,
cuando todo sucedía
en un instante,
con sus locuras, con sus vaivenes emocionales,
cuando era idiota,
cuando era más culta que yo.
Yo, la quería siempre cerca,
la quería incluso lejos,
ciego de amor
yo la quería.
Ella, también, ciega de daños,
nunca
jamás
me vio.

## Amarillo

No puedo saber
si hoy ha sido o no un mal día,
o si has resoplado de tristeza
o exasperación.
De lo único que puedo estar segura es
de que tienes la magia suficiente
para hacer cualquier instante maravilloso.

## LXXXVIII

Debería decirte
            todo.
No te diré
            nada.

Seguiré a la par con el transcurso de la historia.

Todo es lo que queríamos.
Nada es lo que tenemos.

# LXXXIX

La imaginaba llorando purpurina y confeti.
Le apetecía ser niño
otra vez.

## El vómito

La sociedad me produce el vómito.
Cuando se mete en mi cuerpo, este reacciona.
A veces, los dos dedos que siento en la garganta,
son el cinismo y la hipocresía.
A veces, son el egoísmo y la competencia,
a veces, la estandarización y la avaricia
o la ficticia necesidad de tener cada vez más
de lo que ya tienes para nada.
Lo inútil de la utilidad creada,
de cosas que no sirven.
Lo ridículo de la empatía fingida
me marea hasta el vómito,
tanto automatismo gris.

Quiero pintar el suelo de colores,
sentarme dentro del círculo que yo misma he dibujado
y no volver a mirar jamás hacia mis lados.
Solo hacia arriba, más allá de lo que se ve.
Donde no estamos nosotros, todo es puro.
Donde no estamos nosotros, todo es limpio.
Donde no estamos nosotros, todo es equilibrio.

Lo hago por mí estómago, desde luego.
La nada me sienta mucho mejor que las personas.

## Pronóstico

Me han abrazado
con mucho cariño.
Me han herido
con mucha maldad,
me han mirado también
con mucha empatía
y sonreído
con mucha alegría.
A veces, lo sé,
me han recordado con nostalgia.

Quizás por eso estás en mi mente.

Toda esa gente, todas esas sus acciones,
estaban en consonancia
con sus sentimientos
pero solo una persona ha logrado
darle la vuelta al pronóstico,
a lo esperable,
a lo predecible.

Nadie me había odiado tanto en un beso.

## Lluvia

Uno nunca es el mismo después
de una tormenta.
Nunca es el mismo después de algo inevitable
que te moja, a veces, aun refugiándote a toda prisa.

Ocurren y hacen ruido y aun así evocan silencio
y te hacen encogerte y tener miedo
y aun así son bellas y no dejas
de observar cómo pasan
y te empapan, de muchas cosas:
de sentimientos, de recuerdos, de sonrisas.

Hay tormentas que no caen del cielo.
Pueden ser un instante,
una lucha
un problema
una persona.
Igualmente llegan y te encoges y tienes miedo
y no dejas de observar cómo pasan
y te dejan tiritando con el alma mojada.

Pero la lluvia siempre, después, hace de ese lugar algo
con más hierba y más flores,
y más vida.

Lo mismo pasa con el alma.

Solo tienes que esperar
a que la tormenta pase,
luego entreábrela,
deja
que entre
el sol.

## Date cuenta

Una despedida, si es de ella
no duele lo máximo que puede doler
en el mismo instante en el que la ves irse.

Para saber si de verdad era ella
Espera a que un día que estés en un lugar
concurrido
escuches un tono de voz parecido,
espera que un día en una calle
veas su color de pelo,
espera que una noche, mirando por la ventana
empiece a llover.

## XCIV

Espero que jamás se te ocurra preguntarte
en ningún momento que se precie,
bajo ninguna circunstancia que se dé,
por qué no funciona con las demás,
o estarás bien jodido.

## XCV

Ojalá que alguien muy, muy feliz
nos esnife
cuando seamos ceniza.

## Imposible

No es lo mismo,
a ellos se les ve,
puedo tenerlos,
pueden tenerme.

A ti se te imagina.

No podemos ser.
Duele
mucho
más.

# XCVII

Yo, fuego.

Tú, hielo.

Y en cambio:

Tú, me tocas y ardiendo.

Yo, te miro y que tiemblo.

## XCVIII

Estoy aquí.
Veo pasar las cosas y la vida.
En este instante.
La gente sigue, como si no hubiera pasado,
los árboles también, se mecen, como si no hubiera pasado,
tranquilos
ignorando que algo ha explotado
dentro de mí.

Me conocen muy bien estos árboles,
son muchos años sentada a ratos, todos duros, en este
[lugar
y sé que están con disimulo
quietos
sin hacer ningún tipo de señal que yo pueda interpretar,
dejando que me equivoque
para aprender.

Como un padre que mira hacia la cama
y sabe que su hija llora
debajo de las sábanas
y cierra la puerta.

## NORMALIDADES

La gente común no suele opinar lo mismo.
La gente común no lo hace.
La gente común no lo haría.
La gente común no hablaría así.
La gente común no piensa eso.
La gente común no parece estar de acuerdo.
La gente común no quiere eso.
La gente común no lo suele decir.
La gente común no lo aprueba.
La gente común no.

Yo
sí.

Comedme todos el coño.

## Reconstrucción

Gracias por las ruinas.

Ahora en vez de ser tu máquina recoge escombros
preferida
soy una gran ingeniera
de mí misma.

## CI

Se encuentran. Se miran. Se descubren. Se conocen. Se interesan. Magia. Se miran. Se miran. Se miran. Se miran.

Se miran.
Se
miran.
Se
besan.
Se
tocan.
Se
equivocan.

Se
separan.

"No volverá a ocurrir".

Se miran.
Se besan.
Se tocan.
Se equivocan.
Se decepcionan.
Se separan.

"No volverá a ocurrir".

Se miran.
Se besan.
Se tocan.
Se equivocan.
Se decepcionan.
Se separan.

"No volverá a ocurrir".

Se miran.
Se
miran.
Se
decepcionan.
Se
separan.
Se
aman.
Se
lloran.
Se
pierden.

No volverá
a ocurrir

jamás.

## Quiromancia

Has llegado
en el momento exacto
de la abrupta que separa esta línea
justo al lado del dedo corazón.

Estoy empezando a entender:
todo coincide,
no es casualidad,
estabas escrito en la historia de mis manos.

## Metamorfosis

Como *Gregorio Samsa*
un día me desperté.
Te habías ido hacía ya tiempo
y me había dado cuenta de muchas cosas:
de que me gustaba
comer la mierda que me dabas,
de que no había sido yo
y de que me había endurecido
saliéndome caparazón.

Así que volví a metamorfosear
esta vez de bicho a heroína
y no, no me morí,
esta come mierda
se salvó a sí misma.

## CIV

Si me regalaran un trozo de vida, iría a la montaña, y respiraría profundamente, llenando mis pulmones de ese instante de pureza que pocas veces nos permitimos.

Si me regalaran un trozo de vida, viajaría a donde siempre quise ir y me perdería en ese lugar hasta encontrar la esencia de lo que realmente soy.

Si me regalaran un trozo de vida, llamaría a mil y una personas para decirles cómo de importantes fueron en mi vida aunque ya no estén en ella, y recordaría y agradecería cada momento que me hicieron pasar a su lado.

Si me regalaran un trozo de vida, diría "te quiero" a todos aquellos que sé que lo saben pero solo porque lo recuerdan. Y a todos los que aún no lo saben, aunque quizás, se lo imaginen.

Si me regalaran un trozo de vida, me arriesgaría a hacer aquello que nunca hice por miedo, y observaría lo que sucede con la certeza del que sabe que ha obrado porque ha querido.

Si me regalaran un trozo de vida, lo emplearía en ser feliz, sin importar el mañana ni pensar en el antes o el después, e invertiría en ese instante todas mis pasiones; como el que escribe un poema; como cuando cantas emocionado una canción; como cuando ríes de verdad y besas con el corazón; como cuando miras con cariño y abrazas con compañerismo; como cuando quieres con el alma.

Lo último que haría sería pasarlo pensando en qué hacer con él.

Y, sin embargo, la mayoría de nosotros pasamos cada instante de esa manera. Sin darnos cuenta de que cada uno de esos instantes es un trozo de vida que se nos ha regalado.

El pasado, el presente y el futuro, no están para pensarse, están para vivirse.

Igual que no se regala una pelota para ser leída.

No se regala una vida para ser soñada.

01/01/2016
00:01

## CV

Ojalá que encuentres
a una persona
que sea paraíso,
sol sin nubes,
ola de agua fresca en un día de calor asfixiante.

Ojalá que lo hagas
y lo digo de verdad.

Me contento con saber
que nunca encontrarás
un desastre como yo.

## Infancia rota

Las miraba como si fueran diosas.

Aquellas niñas felices y saludables con sus faldas de uniforme, cuyas únicas preocupaciones eran cuál era el peinado más feo que había entrado ese día a clase o de qué color pintarse las uñas. Las miraba como si fueran diosas. En el recreo: jugando a la comba. Cuando salían: besando a sus padres. Al bailar: alardeando de su grácil y delicada juventud interior. Las miraba como si fueran diosas. Desde sus ojos estrangulados por la tristeza autoritaria y egoísta; desde su más profundo desprecio por esa felicidad de la niñez; desde sus manos dormidas por el frío que desprendía su cuerpo.

Desde abajo, enterrada bajo tierra pero respirando, con la misma falda pulcra de cuadros que esas niñas y tan deshilachada ella por dentro; la cara reseca de las lágrimas de la noche anterior; la boca entreabierta del atónito que observa algo incapaz de conseguir para él, un acto prodigio que escapa de su entendimiento.

Sola. Desde el otro lado del cristal que separa a los dichosos de los desdichados. En llamas pero ya fría, otra niña.

Las miraba.
Desde el infierno.
Como si fueran diosas.

## Simplicidad

No hace falta
que nos perdamos
por las calles de Madrid
besándonos en cada una de las viejas esquinas
descritas por cada uno de los nuevos poetas,
ni que bebamos vino tinto en una playa
una noche de luna llena
mojándonos los pies
con cada ola que nos besa los dedos
para ser intensos,
para ser dignos de erizar pelos, de estimular pieles,
escritos en dos frases arrítmicas.

Tú y yo follando en el coche
ya somos poesía.

## CVIII

No iba a funcionar.
Tú me llamabas pequeña,
yo siempre me creí una gran mujer.

# CIX

Miraba hacia la pared. No estaba borracha pero a mi cerebro se lo parecía. Era como si el mundo diera vueltas ya, pronosticando que el whisky haría efecto, aunque aún no lo había hecho oficialmente. Entonces empecé a llorar; con la cabeza hacia abajo, en un lado de la cama.

Me entraron unas ganas tremendas de hacerme daño y me abracé las costillas, como impidiendo que saliera el monstruo en el que la vida me había convertido.

Cerré fuerte los puños. Tragué la saliva espesa. No abrí los ojos.

Mañana todo volvería a estar bien, aparentemente.

Todo menos yo.

# CX

La vida es eso que pasa ~~mientras~~…
Así, sin más.
Así que espabila.

## Pilla–pilla

El desahuciado de la democracia.
El despojado de derechos.
El aplastado por el sistema.
El condenado a la miseria.
El arrancado de los disfrutes.
El que no merece tanto.
El que no tiene nada.
Al que le cuesta todo.

El que vive debajo
de la escarpada montaña social
cuyas únicas vías de escape
son sus manos sangrantes
que se le cansan, lo suficiente proporcionando sustento
a él y a su familia,
como para agarrarse a las piedras y subir por ella.

Al que vetaron la entrada a la puja por la dignidad.
Él.

El niño del colegio al que siempre
hacen pagar en el pilla–pilla de la opresión,
el que acepta tácitamente y con resignación
su puesto
porque "siempre ha sido así",
porque "siempre la lleva él".

Él,
en un arranque de valentía,
de cansada lucha,
va a darle, por un instante, la vuelta al juego
y en cuanto lo haga, creedme, ganará
y le seguirán todos los demás niños que siempre la llevan.
Ganarán
porque hay algo que los de arriba
(que saben muy bien lo de hacer trampas)
no saben todavía
y es que los de abajo
saben muy bien eso de
"por mí
y por todos mis compañeros".

## El problema

No vayas con esa gente. No salgas de noche. No bebas. No fumes. No salgas con ese chico. No te juntes con esas chicas. No estudies el día de antes. No bailes así. No escuches esa música. No te hagas eso en el pelo. No te hagas eso en la piel. No te pongas ese chándal. No te hagas esas fotos. No te compres esa camiseta. No lleves esa falda. No vayas a esa manifestación. No bajes a ese parque. No entres a esa discoteca. No digas eso delante de esta gente. No contestes así a tu abuela. No dejes así tu habitación. No te sientes así. No comas así. No pienses así. No seas así.

Pero tampoco seas estúpida. Tampoco seas sosa. Tampoco dejes de ponerte guapa. Tampoco te equivoques. Tampoco provoques. Tampoco tengas tanto carácter. Tampoco seas tonta. Tampoco te gustes tanto. Tampoco disfrutes demasiado. Tampoco te encierres. Tampoco seas fea. Tampoco engordes. Tampoco pienses poco. Tampoco hables sobre eso. Tampoco seas aburrida. Tampoco caigas mal.

El problema
no es lo que haces,
no es lo que tienes,
no es lo que opinas,
es lo que eres.

La solución,

también.

## CXIII

Primero intentarán  reírse
para ver si así os avergonzáis,
pero una feminista ya ha perdido la vergüenza.

Después intentaran haceros creer
peores mujeres para ver si así os culpáis,
pero una feminista ya no cree en la culpa.

Luego intentarán
tacharos de libertinas, de zorras, de putas,
pero una feminista ya no cree en la reputación.

Entonces os sentiréis imaginariamente curadas
de esa enfermedad que todos esos
que se ríen, que os hicieron creer y que os tacharon,
os habían hecho pensar que, solo por ser mujer,
padecíais.

# CXIV

Pasarán años.
La verás con otra gente
con otro pelo
con otra falda.

La verás, tal vez más tranquila
o, tal vez, más inquieta.
La verás más madura
menos niña
más vivida
o, tal vez, más muerta.

Pasarán años y descubrirás
que ni el tiempo
ni la ropa
ni las prisas
ni el peinado
(ni siquiera, la vida)
tienen la capacidad
de cambiar una mirada.

# CXV

Primero pensé
en besarte
y tú me giraste la cara
y tu boca me quedó lejos.

Después te fuiste
y pensé
en que tú me besaras
y yo girarte la cara
y que mi boca te quedara lejos.

Luego me fui
y pensé
en girarle la cara al pasado,
en que tú también lo hicieras
y que todos nuestros daños
y toda nuestra historia
quedaran tan lejos como tu boca y la mía.

## CXVI

Dios mío,
esto no tiene ningún sentido
excepto lo que sentimos nosotros.
¿Qué hemos hecho?
Es una locura;
apaga y quedémonos.

# CXVII

Claro que pueden caber historias en
dos palabras.

Te quiero.
Te odio.
Te recuerdo.
Me matas.
De dolor.

## Déjà vu

Yo te conozco
más de lo que crees.
Tú ya me habías hecho daño en otras vidas.

## CXVIII

No entiendo qué hago aquí
pensando en todo lo que podríamos haber sido
si tú estás allí
sintiendo todo lo que estás siendo
junto a alguien
que nunca seré yo.

## CXIX

Prometí
agrupar en constelaciones tus lunares.
No pienses que me he olvidado
pues cuando miras hacia un lado
mi corazón
saca el telescopio.

## CXX

Ya no me duele.
Te recuerdo como el niño que se acuerda de esa pelea en la
[que sangró
y lloró y que no se solucionó,
pero ya cambió de curso y de amigos.

Como a aquel día de trabajo en el que todo salió mal,
o como ese día en el que la cagas diciendo algo
que no deberías haber dicho
a personas con las que no deberías haber estado.

Ya no me duele,
pero he dicho que te recuerdo,
que ya no me duela no significa que ya no te espere
con la herida cerrada
para que llegues y vuelvas a abrirla,
gilipollas
hay en todos los amores.

## CXXI

Podría disparar a tu cabeza
pero entonces la bala iría directa a mis pulmones.

# CXXII

Menos mal
que ya lo he entendido:
tú más que la pena merecías el
o
l i
v d
o
.

# CXXIII

Me dijiste que tenías frío,
fui verano.
Te faltaba color,
fui primavera.
Quisiste mojarte,
fui lluvia.

Yo solo quería
que el sol te besara la cara,
que corrieras en la hierba más fresca posible.

Y a ti no te importó
hacer de mí un triste otoño
de hojas secas y alma destemplada.

## CXXIV

Lo vi a lo lejos.

Acercarse sigiloso sin mirar a ningún lado, con pasos firmes, con actitud de sentencia que no tiene recurso alguno, con mirada vacía al horizonte, venía ausente de no sé dónde (de una historia, supongo). Giré la cara despacio al verlo pasar. Pero no me miró. Si lo hubiera hecho, yo lo habría convencido como siempre, para darse la vuelta si era a mí a quien quería despedir; lo habría convencido de que tenía que retroceder; darle marcha atrás a todo y esperar.

Pero esta vez, al acercarse, lo reconocí.

Y él haciendo como que tenía prisa.

Y yo fingiendo que lo esperaba a medias.

Nos despedimos.

Me dijo adiós y lo vi a lo lejos, alejarse.

Se hizo un silencio que chirriaba en el corazón.

Había pasado un final.

Y su historia era la nuestra.

# CXXV

El segundo amor
existe.
Solo abre tu mano derecha,
yo abriré mi mano izquierda,
la pondré encima de la tuya.
No importan los kilómetros,
las almas no entienden de distancias.

Ahora cierra los ojos,
aprieta fuerte.

Esperemos juntos

## Pasado

Has manchado mi presente y enturbiado mi futuro.
Eres caprichoso y terco.
Te odio
y, ¿sabes qué?,
no pienso quedarme contigo,
me voy al momento de ahora a vivir mi vida
que es mía y no tuya,
estoy harta de mojar la almohada
de comer sin ganas
y llorar con muchas,
estoy harta de ti y de alimentarte,
de que seas
novio de mi desdicha,
amigo de mi soledad
y padre de mi locura,
así que
vete a la jodida puta mierda,
el tiempo ha pasado,
el futuro me espera
y tú no eres más valiente que yo.

# No quiero ser Neruda

*"Puedo escribir los versos más*
*tristes esta noche"*
pero, si vienes,
me follas,
me abrazas
y me vuelves a querer,
te juro que me los guardo.

# REFIERO QUE LLORES

Si te han hecho daño

prefiero que llores.

No pienses que ser valiente
consiste en hacer como si nada
te hubiera jodido vivo.

Enseña el corazón  hecho mierda,
lo prefiero en vez de que te escondas
detrás de lo que no eres,
detrás de lo que no sientes.
Así que recuerda:
la dignidad se rompe pero se arregla

Prefiero que llores

a.

z

e

b

a

levantando la c

## El día de después

Ayer moriste.
No voy a decir que no he llorado.
Cuando alguien muere
es lo lógico.
No voy a decir que no me he ahogado
entre gritos internos,
en un silencio desesperado y agónico,
ni que no he fumado (y no fumo) hasta exasperarme
y sentir la boca como cartón quemado.
He pasado toda la noche de velatorio
porque ayer moriste
y es lo lógico.

Acordarse de tus manos en las mías,
de tus dedos en mi cadera,
de tu boca en mi cuello,
de tus ojos mirándome fuerte, como si quisieran romperme [unas veces
y arreglarme otras,
o como intentando que fuera feliz solo porque tú me [mirabas
y lo deseabas con mucha fuerza.
Ayer, cuando supe que habías muerto, que ya estabas [muerto
se me encogió el pecho
de pensar lo que se piensa cuando alguien muere.

Ya no volveré a abrazarle.
No volverá a soñar con arreglar mi vida.
Ya no volveré a estar a su lado.
Ayer,  moriste (en mi mente),
es lo que ocurre cuando llega el olvido.

## ¿Podrías luchar?

Ojalá un día
quieras remar por mí,
quieras nadar por mí,
o nos ahoguemos los dos buscándonos
en el océano de malas coincidencias que nos separa.

# CXXXI

He ido a la farmacia
a ver si tenían hilo especial para coserlo,
antiséptico para desinfectarlo,
me han dicho que no
así que te he escrito esto.
No cura nada,
pero así dueles menos.
Enhorabuena por romperme el corazón.

# CXXXII

Lo he intentado.
Esas cosas que emocionan
a la gente normal,
estándar.
Esas películas de amor y esos cuentos
que siempre acaban bien.

Lo he intentado.

He intentado llorar y supongo
que cuando intentas llorar
es porque no lo necesitas de verdad
y si no necesitas llorar de verdad
es porque no te cala lo suficiente.

Lo he intentado.

Y a pesar de mis esfuerzos
me sigue diciendo más ese vómito de aquella noche
en la que me di por fin cuenta de que no te importaba.

Ese estrés desesperado
cuando alguien está a punto de perderlo todo menos a sí
[mismo.

Un chorro de semen en la cara de una mujer
enamorada de alguien
que no lo está de ella.
Un colibrí muerto en la acera con postura
de que murió sin saber lo que era volar,
solo caer.

Lo he intentado.
No he podido.
Así es el sentido del arte.
Pido perdón por tener seis.

## Carta a mi yo del futuro

Probablemente, estás leyendo esto porque necesitabas leer.
Probablemente, necesitabas leer porque necesitabas respuestas.
Probablemente, necesitabas respuestas porque te sientes perdida. Seré breve:
Si es difícil, no importa, solo sigue luchando.
Si tiene solución, solo búscala, encuéntrala y arréglalo (si es que quieres).
Si no tiene solución, solo navega hasta llegar a la otra orilla y mira desde allí con otra perspectiva.
Si te han herido y piensas en herir, solo recuerda que las heridas, queriéndose y cuidándose uno, curan solas.
Si te han herido y piensas en llorar, solo hazlo. No hay nada más sincero que permitirse ser uno mismo.
Y sobre todo: si has amado, si has perdido, si has fracasado, si has olvidado, si has caído, si has odiado o si has sentido.
No te preocupes, lo estás haciendo bien.

Solo sigue viviendo.

## Lo magnífico de lo horrible

Podría haber encontrado a una persona más atenta,
más cariñosa,
más comprensiva,
más romántica,
o más complaciente,
pero no a alguien que me complique
como tú.
Estoy bien jodida.

# El acceso

*Año tres:*
se me niega el acceso
a los coches de bomberos,
al barro,
a los *Action Man*,
a veces también se me niega a ciertas cosas
si son azules o negras.

*Año ocho:*
Se me niega el acceso
al fútbol,
al pelo corto,
a las palabrotas,
a sentarme con las piernas demasiado abiertas.

*Año catorce:*
Se me niega el acceso
a la mecánica,
al motociclismo,
a los deportes rudos,
a ciertas aficiones y hobbies,
a ciertos futuros trabajos.

*Año quince:*
Aquí algo pasa.

Un tiempo después:
*Action Woman* aparece en escena.

¿Qué esperabais?
Alguien tenía
que fabricar una.

# CXXXVI

Hoy te he visto
y lo más triste no han sido
las ganas de besarte,
las tripas encogiéndose,
el corazón latiendo,
la sangre a la velocidad de la luz.

Lo más triste de hoy
ha sido eso mismo:
solo te he visto,
ya no hay nada más.

## Cerraré los ojos

Te he vendado con abrazos
de otras gentes
y aprietan fuerte,
pronto te sellarás.
Será como si nunca me hubieras partido en dos.

## CXXXVIII

Qué dura es la muerte de alguien
a quien quisiste.
Eso pensé ayer cuando por fin vi tu cuerpo
caminando enfrente.

Fue horrible, tu cuerpo
con esos ojos que ya no eran tuyos
sino de esa persona que hoy está viva por ti
y a la que ya no reconozco.

# CXXXIX

No fuimos malos
ni buenos.

Una historia
es mucho más que
juzgar la bondad o la maldad
de quienes la vivieron
o juzgar el daño que sintieron,
o el que hicieron,
o lo felices que fueron,
o lo tristes que son ahora.

No fuimos malos
ni buenos.

Fuimos reales,
eso es todo.

## Nos queríamos

Lo suficiente como para sentirnos sin vernos.
Un amor de esos que araña el alma,
que deja sin respiración,
que te hace sonreír con los ojos cerrados.

Nos queríamos.
Cuando nos mirábamos por unos segundos
y olvidábamos que ahí,
fuera de nuestros cuerpos,
seguía la vida apestando a amores que no sabían nada de
[quererse.

Nos queríamos
como se quieren dos amantes que nunca se despiden
porque saben que volverán los besos
producto del destino jugando con sus vidas,
o como aquellos que nunca se despiden
aunque no vuelvan a verse.

Te quería.
Me querías.
Nos queríamos tanto y tan fuerte,
tan imposible,
que la cagamos
exactamente
con la misma intensidad.

# CXLI

Lo hemos intentado. Separarnos, poner tierra, relojes y corazones de por medio. Hacer nuestras vidas; tú la tuya, yo la mía, ambos meternos en unas cuantas más.

Estuvimos con otra gente; nos rozaron otras pieles; nos acariciaron otras manos; nos besaron otros labios. Pero tanto tú como yo, sabemos, que en esa gente, esas pieles, esas manos y esos labios, nos buscamos a tientas. Lo sabes, lo sé. Hasta la vida se ha dado cuenta del estropicio que hemos hecho. Es un secreto a voces, y la razón que más lo apoya es, que de tanto buscarnos en universos paralelos a la realidad que una vez vivimos, nos hemos vuelto a encontrar.

Ahora que estás aquí otra vez, reconozcamos, hasta que volvamos a negar, lo evidente:

tú y yo acordamos ser eternos.

# CX_II

A veces ocurre.

Por echarte tantas veces de más,
ahora que te has ido,
te echo el doble de menos.
o
b
l
e

## CXLIII

Nadie dijo que fuera fácil,
ya lo sabía
pero, al menos, podrían haber especificado un poco,
decirme la razón de la dificultad,
decirme que no me querías,
todo esto
habría dolido
menos tiempo,
me habría jodido
menos
el corazón.

# CX_IV

Mi corazón me pide sufrir,

s

mi cerebro me pide olvidar,

e

mi puño me pide golpear cualquier cosa

r

y mi coño me pide que deje de escuchar a los otros t

¿Y tú, qué quieres?

## CXLV

Me da tanto miedo
pensar en tu boca
y que a ti te deshagan otras,
que se me erice la piel si me miras
y a ti se te claven otros ojos en la mente.
Saber que te quiero
y que tú no sepas qué quieres,
ponerme entre tú y la pared
y que tú no valores ese instante.

Me da tanto miedo
el hecho de volverme loca
y que tú no lo hagas por mí
que me voy a arriesgar
ahora
mismo.

# CXLVI

Me voy a quedar aquí
toda la vida que me queda,
sin decir adiós,
pero sabiendo que nos hemos despedido.

## CXLVII

La mujer
especialista en joder vidas
con currículum que lo acredita.

Lo que nadie sabe
es que guarda muy dentro un nombre
y a ese nombre le debe la mitad de vidas
que ha roto
y la mitad de su éxito
como profesional.

# CXLVIII

Si yo quiero
y tú quieres;
¿por qué no vienes a que nuestros corazones
hagan como que se aman
y nuestros cuerpos
se muevan como que se odian?

# CXLIX

A veces vivirás cambios en tu vida. Cambios que serán un gran "joder, vaya jodida puta mierda". Lo que no sabes, no intuyes justo cuando estás así de jodido es que, ese mismo cambio que te puso al borde del acantilado, te puede enganchar el paracaídas, convirtiéndose en un vuelo que te hace cerrar los ojos, un viaje de "joder, vaya jodida puta pasada".

## CL

Un día te escucharé diciendo “lo siento”
con ojos de que me necesitas
y entonces yo diré
con una boca que ya no te busca
“buena suerte”.

## CLI

La vas a llamar un día.

Lo harás tranquilo, como quien llama a su madre para
resumirle la semana,
como quien llama a una tienda para comprar una lavadora.
Lo vas a hacer con la certeza del que se sabe querido,
del que se siente una parte privilegiada del contrato.

La vas a llamar.

Sonará el *"piiii"* varias veces,
escucharás el establecimiento de llamada
y el barullo de una tarde de viernes
o el silencio de una casa un domingo noche,
y te vas a presentar con tu voz, un "hola", un "qué tal",
algo típico para quien ya conoces bien
y entonces, sin que tú te lo esperes,
después de todo ese tiempo sin veros,
después de todo el daño que le has causado
ella, harta de dolerse a sí misma,
colgará.

# CLII

No necesites a nadie, jamás, más que a ti mismo.
Inténtalo. Sé que es difícil
pero si lo haces, si necesitas un día a alguien tanto,
te crecerán hilos
cada vez más.

Te crecerán en los brazos,
en las piernas
en los pulmones
en el corazón
y hasta en la mente.

Te crecerán hilos y se irán haciendo nudos
con cada nuevo "le necesito"
para ser cada vez
más difíciles de soltar
y tú más fácil de manejar

No necesites a nadie jamás
porque ser una marioneta sentimental,
depender del guión de la obra de teatro que otro escribe

puede matar de necesidad
y de historia
a cualquiera.

## Proceso de creación

Si lo que quieres es ser una mujer fuerte
lo primero que debes hacer
es vivir mucho,
cosas malas también (que no se te olviden),
llorar hasta que se te seque el corazón,
una vez lo tengas hecho una piedra,
tállalo tú misma
y quiérete como si fueras la dueña
del diamante más valioso del mundo.

# CLIV

Hay cosas que no se pueden curar.
Enfermedades congénitas,
crónicas;
las pérdidas,
las adicciones,
la gilipollez
y las heridas de los amores no correspondidos.

## CLV

Hay despedidas que valen la pena,
valen la pena más cara del mundo
pero, de hecho, haríamos cola en la puerta toda la noche
para comprarla,
como hacen en los *Apple Store,*
y que fuera nuestra para siempre.

Comprar entrar y quedarnos con ese adiós
que nunca deje de funcionar.

Y aunque fueran
la despedida y el adiós más largos
y la pena más cara del mundo,
La compraríamos,
claro que sí,
como si así no nos acabáramos de querer jamás.

## CLVI

Si alguien, un día, te dice quién tienes que ser,
qué es lo que debes hacer,
cómo te debes sentir,
olvídalo
vete lejos
corre, huye.
En cuestión de vida, de errores y de aciertos
ya tienes bastante contigo mismo

# CLVII

Hay personas que por más que sean pasado
con solo mirarte
hacen que exista solo
ese instante presente.

## Bolas de nieve

Así es la vida.

Los caminos se bifurcan y los corazones vuelven a unirse. Y el mundo sigue. Como si nada hubiera pasado. Como si nadie se hubiera despedido. Y tú y yo, riéndonos y abrazándonos, en aquel banco.

En aquella cama.

En esa calle.

En el sofá.

En ese portal.

Nos quedamos en una parte de la historia, congelada en el tiempo. Donde todo sigue siendo igual que antes pero ya no aparece en primer plano. Donde me besas como lo hacías pero yo ya no puedo sentirlo.

Las historias y las personas que una vez fuimos, se quedan ahí.

Allí.

En esas realidades paralelas repitiéndose en bucle.

El amor se queda ahí, repitiéndose en bucle.

Las caricias en la espalda se quedan ahí, repitiéndose en bucle.

Las sonrisas y las miradas se quedan ahí, repitiéndose en bucle.

Y nadie puede entrar otra vez en ese trozo de historia que se repite incesablemente. Porque él ya tiene sus protagonistas y sus momentos, porque ya ha acabado. Permanece así, inalterable y preciosamente doloroso. Pasado.

Es como una bola de cristal con nieve dentro, que a

veces tu cabeza recuerda, y haces que se mueva, y parece real. Y por un instante todo vuelve a tener movimiento. Y observas como cae hasta que vuelve a quedarse quieta otra vez. El mundo está lleno de bolas de nieve de decoración y los corazones están llenos de bolas de nieve de recuerdos.

Sabes, es algo normal.

Así que, aunque aún duela, te diré algo: es un placer haber congelado todos esos momentos contigo. Pero así es la vida. Los amores acaban y sus protagonistas continúan.

Es algo normal.

Si algún día nos buscas, agítanos. Siempre estaremos allí.

Aunque la nieve se haya derretido por completo.

@fosforismos

1 Tú te darás cuenta tarde. Y entonces yo me reiré en seguida.

2 Qué peligroso es enamorarse del único cuchillo lo suficientemente afilado como para que sangres.

3 Mira todo este odio que has conseguido, te parecerá bonito. Y la verdad es que sí.

4 Eres el veneno que esta suicida estaba esperando.

5 Tú me besabas. Todo lo demás, latido a latido, pum pum… pum, pum… moría.

6 La única mano a la que nos mantendremos siempre aferrados es la nuestra. Las demás, o te las robará la vida o te las robará el tiempo, así que apriétate fuerte.

7 Lo hemos hecho fatal. La esperanza no es lo último que debería perderse. Debería ser el sentido del humor.

8 Tenías tus verdades y tus mentiras y yo creyendo que eran lo mismo.

9 El fin también puede dejar a los medios hechos polvo.

10 Cómo miran de arriba a abajo con cinismo los recuerdos de lo que fui aquella vez a la ruina que soy ahora.

11 Para desnudarse no hay que quererse bien. Incluso a veces, basta con odiarse.

12 No lo olvides: si se acaba, también fue real.

13 Amor no es lo que tú dices que es amor. Amor es acto, no definición. Es dos manos que se tocan y se aprietan mientras follas mirándote a los ojos.

14 A las personas felices, siempre les dejará vivir tu felicidad. A las personas infelices, siempre les importará demasiado.

15 La vida es eso que pasa mientras nadas hacia otra orilla sin pararte a mirar la tierra que hay debajo de la tuya.

16 No podemos quedarnos en un lugar de nuestro pasado esperando a algo o a alguien que solo existió en ese mismo lugar de nuestro pasado. Todo lo que no sea aquí y ahora, es una ilusión. Hay que seguir creciendo en realidades.

17 De todas las cosas que he sido, la que más me gusta, sin duda, es yo misma.

18 El fin, está en todas las cosas. Las ganas de que no acabe nunca, solo en unas pocas.

19 Mi guerra es solo mía. Podéis darme armas si queréis, pero no permitiré jamás, que nadie dispare por mí.

20 No estoy loca, estoy acorde con mi vida.

21 Prefiero tener sentido del humor que sentido del ridículo.

22 Lo mío contigo fue un viaje de ida sin saber que tú ya habías comprado un billete de vuelta.

23 Parece mentira, con lo vacío que estabas y cómo me llenabas.

24 ¿No es maravilloso que todas las críticas que recibas sean por ser tú mismo?

25 Tal vez las personas que reparten tanto dolor lo hacen porque les sobra.

26 Soy ordinaria. Muy ordinaria. Soy extraordinaria.

27 Si no puedes con tu enemigo, enamórate de él.

28 Ganaba más perdiéndote.

29 Nadie te querrá como yo. Nadie me mentirá como tú.

30 Todas las drogas son malas menos tu boca. Todo en exceso es malo menos tú.

31 De mayor quiero ser idiota. Ellos no buscan soluciones.

32 No importa lo bueno que seas en algo, siempre habrá un crío repelente que lo hará mejor que tú.

33 Dedícate a ser feliz, es lo único que cada uno hace a su manera.

34 Las personas se van. Las ganas de llorar por ellas, también.

35 Siempre serás mi media cebolla.

36 No fuiste una historia genial, pero créeme: tu fábula me dejó una muy buena moraleja.

37 Lo mejor de las personas maravillosas es, sin duda, descubrir a su lado todo lo maravilloso que tienes tú a su lado.

38 Tu traición me duele en lo más profundo del coño.

39 14 de febrero, supongo que por eso celebramos San Valentín. Un tío que lanza flechas lo único que hace es daño y, a veces, lo que duele puede hacerte muy feliz.

40 Volverte a ver, después de tanto tiempo. Cagarnos vivos los dos al saber, que nuestros cuerpos se quieren tocar y nuestra mente ya no nos deja.

41 Triste. Como tus ojos y los míos mirándose desde lejos.

42 No dolió. Más bien, a partir de ese momento ya no sentí nada. Eso fue mucho peor.

43 No se puede ser fuerte con alguien que es tu debilidad.

44 Para algunas cosas no basta ser valiente únicamente al hacerlas. También hay que ser valiente para aceptar los resultados.

45 Hay que luchar por lo que quieres. Y a veces, si lo que quieres es volver a ser feliz, luchar puede ser respirar hondo, decir "adiós". Y seguir caminando.

46 Ninguna causa está perdida siempre que exista un loco que opine que ser valiente puede ser divertido.

47 Lo mejor para educar a un hijo es enseñarle la diferencia entre los precios y los valores.

48 ¿Querías saber qué pretendía? Pretendía que lucharas por mí como ahora otra persona lo hará.

49 Algunos beben para olvidar. Yo bebo para acordarme de lo que quería olvidar y acabar olvidándome de que quería olvidarlo, borracha, recordando y llorando.

50 Yo nunca dije que lo quería fácil; solo posible.

51 Acabarás por darte cuenta de que estuviste mucho tiempo corriendo tras un abrazo que nunca quiso darse.

52 Tengo la receta para olvidar. Y a mí no me hacen falta los huevos.

53 En mi próxima vida, quiero ser la oportunidad que no nos dimos.

54 Los hombres los prefiero con sentido del humor y sentido del amor.

55 En cuestión de personas, a veces, lo que vuelves a ver después de un tiempo, te da asco. Casi el mismo que saber, que antes ya era lo que ves ahora, solo que tú no lo veías.

56 El dolor no es signo de muerte. Es señal de que estás vivo.

57 Tú nunca supiste lo que era el amor. ¿Cómo pudiste entonces hacerme descubrirlo a mí?

58 En mi defensa diré que siempre tuve más ganas de quererte que de odiarte.

59 El primer beso es el que más se espera y el último es el que menos se desea.

60 La vida es amor y asco. A los dos se los sufre y de los dos se aprende.

# Epílogo

Cuando cumplí los 18, entendí algo muy importante:

Si eres guapa, te llamarán puta.

Si eres astuta, te llamarán zorra.

Si eres libre, te llamarán desbocada.

Si te gustan cosas que suelen ser denominadas como masculinas, serás un marimacho.

Si te llevas bien con los hombres, entonces probablemente serás las cuatro a la vez.

Si prefieres cosas que no son comunes, te llamarán rara.

Si eres aplicada, te llamarán empollona.

Si eres inteligente, te llamarán manipuladora.

Si sabes lo que quieres, te llamarán mandona.

Si eres buena, te llamarán tonta.

Si tienes un talento, te llamarán poco importante.

Si no tienes ninguno, te llamarán inútil.

Y lo mismo sucederá si eres un hombre, cambiando ciertos adjetivos y variando ciertos aspectos.

La gente tiene una denominación para todo lo que tú haces. Siempre. No importa que tú no estés de acuerdo. No importa que tú no quieras aceptarlo. No importa lo que tú pienses y en última instancia (o en primera, más bien) no importas tú. Y en consecuencia y siguiendo la misma regla:

No tiene que importarte que ellos estén de acuerdo. No tiene que importarte que no quieran aceptarlo. No importa lo que ellos piensen (y en primera y última instancia) no importa que la sociedad de mierda en la que vives compuesta por gente de mierda con la que te toca convivir etiqueten todo lo que haces.

Cuando entiendes eso, sea a los dieciocho, a los treintaidós o a los cincuenta y cuatro, descubres que lo único que importa es quién eres tú.

Entonces empiezas, realmente, a serlo.

**@srtabebi**

# AGRADECIMIENTOS

A mi padre, mi madre y mi hermana: por enseñarme lo que es una familia de verdad (y no, no tiene nada que ver con lo que dicen que debe ser una familia de verdad).

A Carlos: porque es muy fácil que dos personas se encuentren y se quieran, pero muy difícil que dos personas se encuentren, se quieran y también se admiren.

A mí, porque vaya tela, no sé cómo coño me aguanto.

A la vida, porque vaya tela, no sé cómo coño no me ha matado ya.

A mis seguidores de *Twitter*, por sentir conmigo, sois cada una y cada uno de vosotros el proyecto de algo maravilloso.

A ti, que estás leyendo este libro: espero que un día mires atrás y ríes o llores pienses "fui valiente".

Y a todas esas personas que miran a la sociedad de frente y se aguantan la arcada (y sí, queriendo yo que algo despierte): veréis, creo que va siendo hora de vomitar todos a la vez.

# INDICE

WWW.FRIDAEDICIONES.COM